RECUEIL DES OUVRAGES

DE PEINTURE, SCULPTURE,

ARCHITECTURE,

GRAVURE

EN TAILLE-DOUCE, EN MÉDAILLES ET EN PIERRES FINES

CITÉS DANS LE RAPPORT DU JURY

SUR LES PRIX DÉCENNAUX,

Exposés, le 25 août 1810, dans le grand salon du
Musée Napoléon,

*Contenant, avec l'explication des sujets, 45 planches
gravées au trait.*

Publié par C. P. LANDON, Peintre, ancien pensionnaire de
l'Académie de France à Rome, auteur des Annales du Musée.

A PARIS,

CHEZ L'AUTEUR, RUE DE L'UNIVERSITÉ, N° 19, AU BUREAU DES
ANNALES DU MUSÉE,

ET CHEZ LES PRINCIPAUX LIBRAIRES.

DE L'IMPRIMERIE DE FIRMIN DIDOT.
1810.

AVERTISSEMENT.

S'il est un spectacle digne de l'attention des personnes éclairées, qui aiment et qui savent apprécier les productions des beaux-arts, c'est sans doute celui que présente la réunion des objets exposés actuellement dans le grand salon du Musée Napoléon. Un ordre émané de l'Empereur y a fait transporter tous les ouvrages de peinture, de sculpture et de gravure dont il a été fait mention dans le rapport du jury sur les prix décennaux (1). Cette collection, si intéres-

(1) Tel est l'ordre des prix décennaux fondés par S. M. l'Empereur, pour la peinture, la sculpture, l'architecture et la gravure.

Peinture. Deux grands prix de première classe, l'un à l'auteur du meilleur tableau d'histoire, l'autre à l'auteur du meilleur tableau représentant un sujet honorable pour le caractère national.

Sculpture. Deux grands prix de première classe, l'un à l'auteur du meilleur ouvrage de sculpture, sujet héroïque,

sante par le nombre et la beauté des objets qu'elle renferme, réunit tout ce que l'école des beaux-arts a offert de plus important pendant les dix années qui ont précédé cette première exposition. On peut donc embrasser d'un coup d'œil, comparer et juger les divers chefs-d'œuvres qui ont illustré les artistes français durant cette courte période de temps, si remarquable par la variété, la richesse et la grandeur de leurs productions.

Sans doute tous ceux qui ont pu jouir d'un spectacle dont on n'avait point encore eu d'exemple, s'empresseront de se rendre au lieu de l'exposition, et d'y aller admirer les chefs-d'œuvres dont elle est enrichie ; mais combien de personnes également jalouses de les

l'autre à l'auteur du meilleur ouvrage de sculpture dont le sujet sera pris dans les faits mémorables de l'histoire de France.

Architecture. Grand prix de première classe à l'auteur du plus beau monument d'architecture.

Gravure. Trois grands prix de seconde classe aux auteurs des trois meilleurs ouvrages de gravure en taille-douce, en médailles et en pierres fines.

connaître et de les juger seront privées de cet avantage, soit par leur éloignement de Paris, soit par toute autre cause. C'est pour leur offrir un dédommagement, que nous avons entrepris de publier ce recueil de gravures au trait d'après les objets de cette exposition. Elles donneront une idée de la composition, du style, du dessin, du caractère de chaque tableau, statue, bas-relief, estampe ou médaille.

D'ailleurs, ceux qui après avoir vu dans le salon du Musée ce choix des productions de l'Ecole moderne des beaux-arts, voudraient, dans le silence de l'étude, se rendre compte du jugement qu'ils en ont porté, se rappeler les objets qui ont le plus vivement frappé leur imagination, et analyser les beautés qu'ils ont cru y apercevoir, y reconnaîtront les parties essentielles qui constituent le principal mérite de ces productions. Enfin, on verra dans le même recueil la gravure de plusieurs morceaux de peinture ou de sculpture, qui n'ont pu être exposés au salon ; et, à l'exception d'un petit nombre d'ouvrages qu'il n'a pas été possible de faire graver, ce recueil sera aussi complet qu'on pouvait le désirer.

Gerard pinx.t
E. Lingée sc
Les trois âges.

Girodet pinx.t

C. Normand sc.

Scène du Déluge

Girodet pinx.t
Devilliers l'ainé sc
Atala au Tombeau

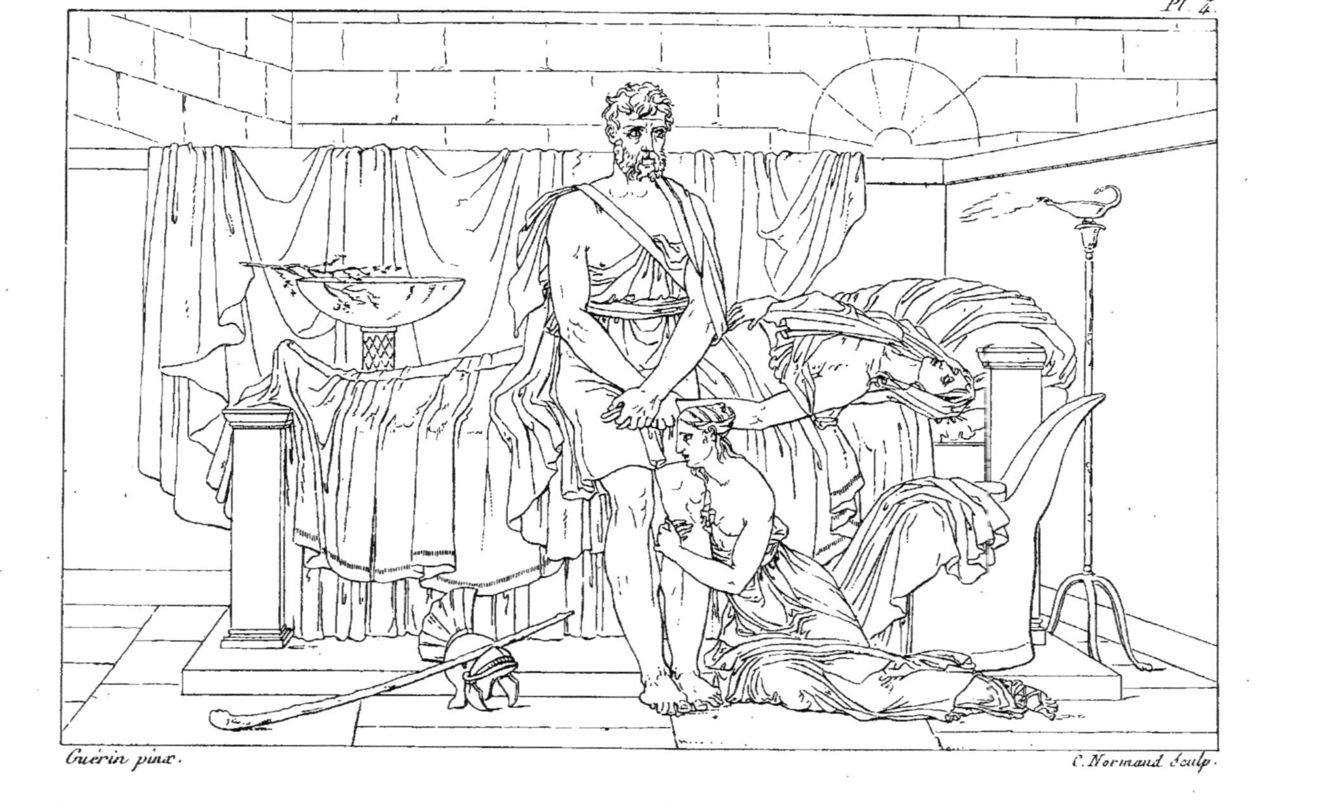

Pl. 4.
Guérin pinx.
C. Normand Sculp.
Marcus Sextius

Phèdre et Hippolyte.

Hennequin pinx.t

C. Normand Sc.t

Les remords d'Oreste.

Meynier pinx.

C. Normand sculp.

Télémaque dans l'Isle de Calypso.

Prud'hon pinx.t
C. Normand sc.
La Justice et la Vengeance divine poursuivant le crime.

PREMIÈRE DIVISION.

PEINTURE.

TABLEAUX D'HISTOIRE.

M. DAVID.

Les Sabines (1).

Aprés que les Romains eurent enlevé les Sabines,
ils les épousèrent, et les traitèrent avec beaucoup
d'égards; mais les Sabins conservèrent un ressentiment
secret de l'outrage fait à leurs filles, et résolurent d'en
tirer vengeance. Au bout de trois ans, ils attaquèrent
Rome, conduits par leur roi Tatius. La trahison de
Tarpeïa leur avait livré le Capitole, et ils en occupaient
déja les remparts, lorsque les Romains, s'armant à
la hâte, marchèrent à l'ennemi, et engagèrent un
combat sanglant et opiniâtre. Les deux chefs, animés
d'une égale fureur, se rencontrent, et sont prêts à en
venir aux mains; les Sabines accourent sur le champ
de bataille, et, tremblantes, échevelées, portant leurs
enfants dans leurs bras, elles se précipitent à travers
les guerriers, appellent à grands cris leurs pères, leurs

(1) N'ayant pas obtenu de M. David la permission de faire
dessiner son tableau des Sabines, nous ne pouvons en donner
ici la gravure.

frères, leurs époux ; s'adressent tantôt aux Romains, et tantôt aux Sabins, et les conjurent de se laisser toucher par leurs larmes et leurs prières. Hersilie, l'une d'elles, femme de Romulus, s'avance entre les deux chefs, et emploie, pour désarmer son père et son époux, toute l'éloquence de la nature et de l'amour. Parmi les femmes qui l'accompagnent, les unes mettent leurs enfants aux pieds des soldats, qui laissent tomber de leurs mains les épées sanglantes. D'autres les élèvent en l'air, et les opposent comme des boucliers aux forêts de piques qui se baissent à leur aspect. Romulus suspend le javelot qu'il est prêt à lancer contre Tatius ; le général de la cavalerie remet son épée dans le fourreau ; des soldats élèvent leur casque en signe de paix ; les sentiments de l'amour conjugal, paternel et fraternel gagnent tous les cœurs ; bientôt les Romains et les Sabins s'embrassent, et ne forment plus qu'un peuple.

Nota. Nous nous sommes étendus plus amplement sur la composition de ce tableau lorsque nous avons donné l'examen du salon de 1810, où il fut exposé. (Voyez *Annales du Musée*, salon de 1808, tome II, page 89.)

M. GARNIER.

La consternation de la famille de Priam, après la mort d'Hector (1).

Achille traîne à son char le corps d'Hector, dont la tête et les cheveux ensanglantés roulent dans la

(1) Il n'a pas été possible de donner la gravure de ce tableau.

poussière. Les Grecs jettent des cris de joie, et quelques-uns même outragent les restes du héros dont ils n'osaient soutenir les regards, lorsque, la flamme à la main, il embrasait leurs vaisseaux. Les Troyens remplissent l'air de cris et de gémissements. Andromaque, dont ces cris douloureux redoublent l'inquiétude et l'effroi, accourt sur les remparts, s'avance au milieu des soldats, et du haut de la porte Scée, tourne ses regards sur la plaine. Quel spectacle pour une épouse ! elle aperçoit le char et les rapides coursiers qui traînent le malheureux Hector autour des murailles ; aussitôt ses yeux se couvrent d'un nuage épais, elle tombe évanouie entre les bras de ses femmes, qui s'empressent de la secourir, et au milieu des soldats qui lui rendent des soins. Hécube, succombant à sa douleur, reste abattue sous le poids de son infortune ; elle déchire ses vêtements, et s'arrache les cheveux. Sa fille Laodice la presse dans ses bras pour modérer les transports de son désespoir ; assise aux pieds d'Hécube, Polixène, la plus jeune de ses filles, absorbée par des pressentiments lugubres, paraît une victime dévouée aux mânes d'Achille. Pàris, qui a causé tous ces maux, se détourne, et se couvre les yeux, pour échapper aux reproches de tout ce qui l'environne. Priam, saisi de trouble et d'indignation, veut descendre pour aller réclamer le corps de son fils, malgré les conseils de ses amis qui s'efforcent de le retenir. Pantheus, prêtre d'Apollon, est aux pieds de Priam, et l'arrête par son manteau. Anténor représente à ce père infortuné les périls auxquels il va livrer sa personne et tout son peuple. Prés d'eux sont Ucalégon et Clytius, fils de Laomédon. Cassandre, éperdue, se précipite aux genoux de son père, pour lui fermer le passage. Polydamas et un autre chef des Troyens, se prosternent devant lui, et le supplient de ne pas les abandonner.

M. GÉRARD.

Les Trois Ages. (Planche I.)

U NE famille dont l'état paraît également éloigné de la pauvreté et de la richesse, se repose des fatigues d'un voyage, dans un vallon où tout respire la fraîcheur du printemps. Cette jeune femme dont les traits gracieux annoncent la candeur, est assise entre son père et son époux ; ses mains sont appuyées sur tous deux, et elle tient sur ses genoux un enfant endormi. Le jeune homme assis près d'elle sur un fragment de piédestal, la contemple avec un sentiment de satisfaction pure, et lui presse doucement la main ; le vieillard, assis près de sa fille, et appuyé sur ses genoux, paraît occupé de pensées profondes. Il est enveloppé dans un ample manteau, et a près de lui son bâton. Le fond du paysage rappelle ces beaux sites de l'heureuse Arcadie, vantés par les poëtes. Il est dans la manière du Poussin, et digne de ce grand maître.

M. Gérard a pris pour sujet de son tableau cette maxime orientale : *dans le voyage de la vie, la femme est le guide, le charme et le soutien de l'homme.* Il paraît n'avoir eu d'autre but dans ce tableau, d'un repos parfait, que de montrer un pinceau habile à saisir tous les modes, à représenter la figure humaine sous les formes les plus intéressantes et les plus variées.

Nota. Ce tableau étant passé à l'étranger n'a pu être placé à l'exposition. Nous en avons rendu compte dans le premier volume du salon de 1808, *Annales du Musée*, page 41.

M. GIRODET.

Scène du Déluge. (Planche II.)

Une famille entière gravit sur la cîme d'un roc escarpé, pour échapper au danger d'une inondation subite. Le chef de cette famille, dans la vigueur de l'âge, porte son père sur ses épaules, et le vieillard, glacé par les années et par l'épouvante, semble n'avoir plus de force que dans les bras, pour s'attacher à son fils. Celui-ci tient de la main droite son épouse, qui presse sur son sein un jeune enfant qu'elle a enveloppé dans son manteau. Un enfant plus âgé se tient suspendu à la chevelure de sa mère. Ces cinq infortunés sont près d'atteindre le lieu qui doit leur servir de refuge, et l'homme a déja saisi une branche d'arbre, pour l'aider à gagner le haut du rocher : mais la branche se rompt ; il va tomber en arrière ; la femme s'évanouit, et son corps se renverse par les efforts que fait son fils aîné, qui n'a plus qu'un pied sur le sol : ils restent tous suspendus au-dessus de l'abyme.... Près d'eux roule dans les flots le corps d'une jeune fille expirante.

Tel est le sujet de cette scène terrible, où un seul

homme, chargé du poids de sa famille entière, retombe avec elle dans l'abyme, au moment où il croit la sauver du péril affreux qui la menace. Pour l'analyse raisonnée de ce tableau, voyez *les Annales du Musée*, tome XIII, page 17.

Atala au Tombeau. (Planche III.)

L E sujet de ce tableau se trouve expliqué dans le passage suivant d'Atala, par M. de Châteaubriand. C'est le sauvage Chactas, amant d'Atala, qui raconte la scène déchirante dont il fut acteur et témoin.

« Enfin nous arrivâmes au lieu marqué par ma dou-
« leur, nous descendîmes sous l'arche du pont. O mon
« fils ! il eût fallu voir un jeune sauvage et un vieil
« hermite, à genoux vis-à-vis l'un de l'autre, dans un
« désert, creusant avec leurs mains un tombeau pour
« une pauvre fille, dont le corps était étendu près de la,
« dans la ravine desséchée d'un torrent.

« Quand notre ouvrage fut achevé, *nous transportâmes*
« *la beauté dans son lit d'argile.* Hélas ! j'avais espéré de
« préparer une autre couche pour elle. Prenant alors un
« peu de poussière dans ma main, et gardant un silence
« effroyable, j'attachai, pour la dernière fois, mes yeux
« sur le visage d'Atala. Ensuite je répandis la terre du
« sommeil sur un front de dix-sept printemps ; je vis
« graduellement disparaître les traits de ma sœur, et
« ses grâces se cacher sous le rideau de l'éternité. Son
« sein surmonta quelque temps le sol noirci, comme
« un lys blanc s'élève du milieu d'une sombre argile :
« Lopez, m'écriai-je alors, vois ton fils inhumer ta

« fille ! et j'achevai de couvrir Atala de la terre du
« sommeil. »

Tel est le passage touchant de l'écrivain qui a inspiré
le peintre. Trois personnages seulement composent
cette scène funèbre : Chactas, dont l'attitude et les traits
peignent l'abandon et le désespoir ; le père Aubry,
vieillard compatissant qu'absorbe une pensée profonde;
l'infortunée Atala, dont le corps privé du souffle de la
vie est encore un modèle de grâce et de pureté,
Atala qui est toujours la vierge des premières amours,
et que l'on eût prise pour la statue de la virginité en-
dormie, si l'on eût ignoré que cette vestale avait joui
de la lumière. (*Annales du Musée*, salon de 1808,
tome II, page 17.)

M. GUÉRIN.

Marcus Sextus. (Planche IV.)

MARCUS SEXTUS, échappé aux proscriptions de
Sylla, trouve, à son retour, sa fille en pleurs auprès
de sa femme qui vient d'expirer.

Tel est le sujet de cette composition simple et pa-
thétique : une femme, une Romaine morte de misère
et de douleur au moment où la présence et les soins
de son époux allaient peut-être la rendre à la vie ;
une jeune fille embrassant les genoux de son père,
partagée entre la douleur de perdre sa mère et la joie
qu'elle éprouve en revoyant l'auteur de ses jours ;
enfin un brave guerrier, proscrit par un tyran sangui-
naire, et ne trouvant à son retour dans ses foyers
qu'un spectacle d'amertume et de désespoir.

Ce tableau étant chez l'étranger, n'a pu faire partie de l'exposition actuelle. (*Annales du Musée*, tome Ier, page 17.)

Phèdre et Hippolyte. (Planche V.)

M. Guérin a emprunté de la Phèdre de Racine le sujet de ce tableau. Cette tragédie lui a fourni ses personnages, l'expression qu'il leur a donnée et la situation respective dans laquelle il les a placés. Sur la toile ainsi que dans la tragédie, Phèdre vient d'accuser, par la bouche d'OEnone, Hippolyte d'avoir usé de violence contre elle pour la déshonorer. Thésée, indigné du crime que l'on impute à son fils, accable de reproches le malheureux Hippolyte, lui ordonne de fuir sa présence, et le dévoue à la colère de Neptune. Hippolyte se défend avec le calme et la noble fierté de l'innocence, il repousse les calomnies dont il est la victime, par l'exemple de sa vie entière, et prêt à faire parler la vérité, il se retient par respect pour son père, et lui épargne un aveu qui ferait rougir le front du héros. A son geste, à son maintien, à l'expression de sa physionomie, on devine aisément que le peintre l'a représenté au moment où il prononce ces beaux vers :

> D'un mensonge si noir justement irrité ,
> Je devrais faire ici parler la vérité ,
> Seigneur, mais je supprime un secret qui vous touche ,
> Approuvez le respect qui me ferme la bouche ,
> Et sans vouloir vous-même augmenter vos ennuis,
> Examinez ma vie, et songez qui je suis.

Pour l'analyse de ce tableau, voyez les *Annales du Musée*, tome III, page 57.

Nota. Nous prévenons le lecteur que presque tous les ouvrages dont il est question dans ce recueil ayant été décrits plus amplement et analysés dans les *Annales du Musée et de l'Ecole moderne des Beaux-Arts*, nous n'en ferons plus l'observation. Il suffira de remarquer que parmi les objets suivants, les seuls dont il n'ait pas été question dans les *Annales*, sont quelques bas-reliefs nouvellement exécutés aux frontons de la cour du Louvre; ceux de M. Boisot, la statue de Vergniaux, quelques médailles ou pierres gravées, qui n'offrent que des portraits, le tableau représentant le *Passage du mont Saint-Bernard*, par M. Thévenin, et les deux plafonds allégoriques du palais du Sénat, par M. Ber-thélemy, qu'il n'a pas été possible de faire graver.

M. HENNEQUIN.

Les remords d'Oreste. (Planche VI.)

ORESTE, long-temps absent du palais de ses pères, rentre dans Argos sans être reconnu. Pilade et lui visitent, comme étrangers, les lieux si chers à leur enfance. Ils aperçoivent près d'une fontaine une jeune femme qui paraît accablée par la douleur. Oreste lui demande des nouvelles d'Agamemnon, de Clytem-nestre son épouse, et d'Electre, leur fille chérie. Il va même jusqu'à en demander d'Oreste; c'est alors que des larmes abondantes coulent des yeux d'Electre. Ses pleurs la font reconnaître. Elle apprend à Oreste tous les malheurs de sa famille, et l'instruit du mariage de Clytemnestre, et d'Egysthe. Oreste, qui ne respire plus que la colère et la vengeance, se prépare à immoler une reine parricide. Il ne reconnaît plus sa mère dans celle qui a tué son père. Le moment est favorable ; l'usurpateur du trône et sa coupable épouse viennent d'entrer dans le temple, pour rendre grâces aux Dieux de la mort d'Oreste, qu'un faux récit leur a fait croire sacrifié à leur sûreté. Oreste pénètre après eux dans le temple, immole Egysthe : sa main s'égare.... il n'a écouté que son aveugle fureur ; Agamemnon est vengé, et Clytemnestre n'est plus.

Ce crime, qui révolte les lois, la nature et les Dieux, trouble sans cesse le repos d'Oreste ; poursuivi par les remords qui le chassent et le retiennent, déchiré par les furies qui appesantissent sur lui leurs mains impitoyables, il voit toujours l'une d'elles occupée à lui montrer le poignard encore plongé dans le sein maternel, spectacle affreux que lui seul aperçoit, qu'il voudrait éviter, mais que le destin le condamne à voir sans cesse, jusqu'à ce que les lois d'Athènes l'aient absous de son crime, et, qu'obéissant à l'oracle d'Apollon, il soit allé en Tauride, enlever la statue de Diane, et délivrer sa sœur Iphigénie.

M. MEYNIER.

Télémaque dans l'île de Calypso. (Planche VII.)

TÉLÉMAQUE, pressé par Mentor, quitte l'île de Calypso, en se dégageant des bras de la nymphe Eucharis, qui cherche à le retenir auprès d'elle. Dans le même instant, Calypso arrive de la chasse, accompagnée de plusieurs de ses nymphes. Elle est témoin des regrets des deux amants. Une jalousie terrible se peint sur son visage. Parmi les différents groupes de nymphes qui entourent la Déesse, les unes semblent regretter de n'être pas l'objet des préférences du jeune fils d'Ulysse; la simple curiosité paraît agiter les autres, et les rapprocher de leurs compagnes.

Les figures de ce tableau sont de proportion demi-nature. Celles de tous les autres tableaux de l'exposition sont au moins de grandeur naturelle.

M. PRUDHON.

La Justice et la Vengeance divine poursuivant le crime.
(Planche VIII.)

CE tableau, qui a été placé dans la salle d'audiences du tribunal criminel du département de la Seine, ne pouvait avoir une destination plus naturelle et plus heureuse.

Un assassinat vient d'être commis dans l'ombre de la nuit ; le cadavre de la victime est étendu sur la terre, percé de plusieurs coups ; et le sang coule encore de ses nombreuses blessures. Le meurtrier s'enfuit, pénétré de l'horreur que son crime lui inspire à lui-même, et emportant dans son sein les remords qui le déchirent. Il espère trouver l'impunité dans la fuite, mais la vengeance divine, armée d'un flambeau, et la justice, un glaive dans une main, et une balance dans l'autre, le poursuivent, portent la lumière dans l'ombre qui lui sert de refuge, et s'apprêtent à lui faire payer le prix de ses forfaits.

M. BERTHÉLEMI.

Un plafond allégorique.

On voit sur un autel dédié à la Sagesse le livre des lois où sont tracés ces mots : *La sagesse fait la loi, les vertus la conservent.* La Justice et la Prudence soutiennent ce livre, et d'autres figures allégoriques enrichissent cette composition.

Autre plafond allégorique.

Il représente l'Empereur s'élevant dans les régions célestes, et donnant la paix à la terre; il est monté sur un char d'or conduit par la Victoire, et précédé de renommées qui proclament les exploits du monarque guerrier et les bienfaits du pacificateur.

Nota. Ces deux tableaux décorant les salles du sénat, n'ont pu être exposés. Ils n'ont pas été gravés.

Le Couronnement.

Guntharet pinx.t

Allocution.

Debret pinx.t
C. Normand sc.
L'Empereur honorant les malheurs des blessés ennemis

L'Empereur reçoit les clefs de Vienne.

L'Hôpital de Jaffa.

Gros pinx.^t

C. Normand.

Champ de bataille d'Eylau.

Bataille d'Aboukir.

L'Empereur pardonnant aux révoltés du Caire.

Les soldats du 76e de ligne retrouvant leur drapeau sauvé à Austerlitz et Dürrenstein à Tarpoul.

Meynier pinxt.

C. Normand sc.

L'Empereur donnant ses ordres aux Maréchaux de l'Empire.

C. Vernet pinx.t

TABLEAUX REPRÉSENTANT UN SUJET HONORABLE POUR LE CARACTÈRE NATIONAL.

M. DAVID.

Le Couronnement. (Planche IX.)

Nous avons donné un développement très-étendu à l'explication et à l'analyse de ce tableau dans les *Annales du Musée*, (salon de 1808, tome Ier, page 33, et tome II, page 92.) Nous y renvoyons nos lecteurs.

M. DEBRET.

L'Empereur honorant le malheur des blessés ennemis.
(Planche X.)

A la prise d'Ulm, lorsque plus de trente mille hommes sortirent de cette ville pour déposer leurs armes aux pieds du vainqueur, des militaires allemands racontèrent à plusieurs de nos officiers, que dans une circonstance à peu près semblable en Italie, le général français, voyant passer des Autrichiens blessés et faits prisonniers, ôta son chapeau, en disant : *Honneur au courage malheureux.* Ces paroles n'avaient été recueillies par aucun Français, mais les infortunés pour qui elles avaient été une consolation, en avaient gardé le souvenir.

Le peintre a disposé son sujet de la manière suivante.

L'Empereur, entouré de son état-major, arrête son cheval à la vue d'officiers autrichiens blessés, les uns placés sur des chariots, les autres portés par des Allemands et des Français compatissants qui leur ont fait un brancard avec des fusils ; l'Empereur ôte son chapeau , et les prisonniers , étonnés du respect qu'ils inspirent à leur vainqueur, tournent vers lui des yeux où se peignent l'admiration et la reconnaissance.

M. GAUTHEROT.

Allocution. (Planche XI.)

« Le 12 octobre 1805 , le deuxième corps de la grande armée, commandé par le général Marmont, se mit en marche forcée pour prendre position sur les hauteurs d'Illersheim ; l'Empereur était près du pont du Lech, (à Ausbourg) lorsque ce corps défilait. Il fait former en cercle chaque régiment, il leur parle de la situation de l'ennemi , de l'imminence d'une grande bataille, et de la confiance qu'il avait en leur bravoure. Pendant qu'il les haranguait, il faisait **un temps affreux.** La troupe éprouvait un froid très-vif, mais en écoutant Sa Majesté, elle oubliait ses fatigues, et n'aspirait qu'à combattre. »

Tel est le programme de ce tableau, faisant suite à ceux de la campagne de 1805. Au centre d'une scène nombreuse où tout respire l'enthousiasme militaire, l'Empereur, monté sur un cheval blanc, harangue ses soldats, et leur indique, par un mouvement de la main droite, l'endroit vers lequel ils doivent marcher ; tout près de Sa Majesté est le maréchal Bessières, tenant en main le bâton de commandement. Il est monté sur un cheval noir, et paraît écouter avec attention le dis-

cours de l'Empereur. Plus loin, monté sur un cheval
isabelle qui s'élance en avant, est le général Marmont,
jetant sur cette partie de l'armée, qui est à sa gauche,
un regard de satisfaction. L'expression animée des soldats qui entourent l'Empereur, est le garant du serment
qu'ils font de le suivre au chemin de la victoire.

M. GIRODET.

S. M. l'Empereur recevant les clefs de Vienne.
(Planche XII.)

Les officiers municipaux, le clergé et les généraux
commandant la place vont au-devant du vainqueur,
et lui remettent les clefs de leur ville. Du côté de
l'Empereur, sont les princes Murat et de Neufchatel,
M. le maréchal Bessières et plusieurs autres officiers de
divers grades. Toutes les personnes à la suite de Sa
Majesté sont représentées en portrait. On aperçoit
encore dans le groupe opposé et parmi les magistrats,
de simples citoyens, attirés par ce spectacle extraordinaire.

M. GROS.

*S. M. l'Empereur, alors général en chef de l'armée
d'Orient, touchaune tumeur pestilentielle, en visitant
l'hôpital de Jaffa.* (Planche XIII.)

Les ravages que faisait la peste dans l'armée d'Orient,
depuis le commencement de la campagne de Syrie,
causaient une inquiétude générale. Les effets de ce
fléau se firent sentir avec plus de force, immédiatement

après le siége de la ville de Jaffa, qui fut prise d'assaut.

Le général en chef Bonaparte, voulant détruire le prétexte de découragement qu'un sentiment exagéré de crainte pour cette maladie pouvait faire naître dans l'armée, et prouver que ses effets étaient moins terribles que l'effroi qu'ils causaient, visita l'hôpital des pestiférés de Jaffa, dans les plus grands détails, après avoir fait porter tous les secours qu'on put lui procurer, et y avoir même envoyé une partie de ses provisions particulières ; le général, suivi de son état-major et du médecin en chef de l'armée, qui cherchait à lui persuader de ne pas trop prolonger sa visite, n'en donna pas moins de temps à tous les détails de l'hôpital ; il consolait, en outre, les malades par tous les moyens de persuasion ; il faisait espérer aux uns un soulagement prochain, à d'autres une guérison certaine, et inspirait à tous de la confiance dans l'efficacité des remèdes qu'on employait.

Pour éloigner davantage l'idée d'une contagion subite et incurable, il fit ouvrir devant lui quelques tumeurs pestilentielles, et en toucha plusieurs. Il donna, par ce magnanime dévouement, le premier exemple d'un genre de courage inconnu jusqu'alors, et qui fit depuis des imitateurs.

Le Héros se fait reconnaître au premier coup-d'œil. Son expression est celle du calme et de la bienveillance. Derrière lui sont deux officiers, dont l'un tient un mouchoir sur sa bouche ; l'autre, enveloppé dans son manteau, s'éloigne de ce séjour infect. Entre le général et le pestiféré qu'il touche, on reconnaît M.

Desgenettes, médecin en chef de l'armée : il semble craindre que Bonaparte ne devienne la proie du mal terrible qu'il brave avec tant d'assurance ; à genoux, et devant cette figure, un soldat de la 18ᵉ demi-brigade, éprouve la même crainte ; il oublie ses maux pour ne voir que le danger auquel s'expose son général, que sa main cherche à éloigner. La figure d'un pestiféré, qui semble renaître à l'espoir, et que pansent deux médecins turcs, se lie à ce groupe, ainsi qu'un autre militaire placé plus haut, et qui s'appuie sur une béquille. A peu près sur le même plan, et du même côté, un Français, attaqué de l'ophtalmie qui règne dans ces climats, vient d'entendre la voix du Héros ; il s'approche à tâtons de l'endroit d'où elle part. Le devant offre une autre scène ; un jeune chirurgien, victime de son humanité, s'évanouit, atteint lui-même du mal dont il voulait sauver le malheureux qui expire sur ses genoux. L'artiste a consacré l'autre partie du tableau à exprimer les symptômes et les effets cruels de la peste du Levant. Un malade, étendu sur la terre, s'arrache les cheveux, et tous ses membres contractés annoncent l'excès de ses souffrances. On voit sur les traits de celui qui se soulève pour regarder Bonaparte, qu'il sort d'un semblable accès. Un troisième reste immobile, la tête appuyée sur les mains, et paraît insensible à tout ce qui se passe autour de lui. Une figure d'un caractère plus effrayant est celle de l'homme qui, couvert presqu'entièrement d'un manteau, ne laisse apercevoir que des yeux égarés et sanglants ; entre ces deux derniers, le cadavre d'un militaire qui vient de succomber, est étendu sur le lit commun à tous les malades. Plus loin des officiers, dont l'un est aveugle, reçoivent avec reconnaissance le pain que distribuent deux Turcs. Derrière ce groupe, des esclaves emportent le corps d'un pestiféré dont on ne voit que les jambes.

Champ de bataille d'Eylau. (Planche XIV.)

LE lendemain de la bataille d'Eylau, l'Empereur visitant le champ de bataille, est pénétré d'horreur à la vue de ce spectacle. Sa Majesté fait donner des secours aux Russes blessés. Touché de l'humanité de ce grand Monarque, un jeune chasseur lithuanien lui en témoigne sa reconnaissance avec l'accent de l'enthousiasme. Dans le lointain, on voit les troupes françaises qui bivouaquent sur le champ de bataille, au moment où Sa Majesté va en passer la revue.

L'Empereur, monté sur un cheval isabelle, est accompagné du prince Murat, du maréchal Bessières, et de plusieurs autres généraux et officiers supérieurs. Les chirurgiens de l'armée administrent aux blessés les secours de l'art, et leur font distribuer des vivres.

Le fond de la scène offre l'aspect d'un hiver rigoureux. La neige couvre la terre, et dérobe la vue des cadavres jetés en désordre sur les devants du tableau.

Bataille d'Aboukir. (Planche XV.)

LES Turcs qui étaient retranchés dans la presqu'île d'Aboukir, avaient repoussé la première attaque des Français, dirigée sur la redoute qui défendait la droite

de leur position ; ils sortirent de leurs retranchements
pour couper les têtes des Français restés morts ou
blessés sur le champ de bataille ; l'infanterie française indignée recommence aussitôt l'attaque, et
pénètre dans l'intérieur de la redoute. Le général
Murat, qui commandait l'avant-garde, lance, avec
autant d'impétuosité que d'apropos, ses escadrons qui
se trouvent déja couper toute retraite aux Turs chas-
sés de la redoute, et les repoussent vers la mer ; cette
cavalerie pénètre et traverse avec la plus grande rapi-
dité toutes les positions des Turcs, jusques sur les
fossés du fort qui ne tire pas un coup de fusil ; elle
culbute, sabre et noie tout ce qu'elle rencontre. Les
Turcs, frappés de terreur, cherchent à gagner à la
nage, leurs chaloupes canonnières qui, elles-mêmes
les foudroient, mais en vain, pour les forcer à retour-
ner au combat. Mustapha Pacha, général en chef de
l'armée turque, se bat avec le plus grand courage ;
blessé à la main, abandonné de ses troupes qu'il voit
fuir de tous côtés, il veut encore retenir ses soldats,
mais dans leur terreur rien ne peut les arrêter ; on les
voit même se débarrasser en barbares de ceux qui
implorent leurs secours. Le pacha entouré, et sur les
corps de ses plus fidèles serviteurs, est soutenu par
eux et par son fils qui, le voyant hors de combat,
rend ses armes au général Murat, son vainqueur. Les
trois queues, marques distinctives du rang de Mustapha, tombent autour de lui. La perte de plusieurs
officiers français est signalée dans quelques parties du
tableau. On distingue le colonel Duvivier, atteint et

renversé d'une balle au milieu de ses dragons ; l'adjudant général Leturc, tué dans la première attaque de la redoute, eut la tête coupée ; le colonel Beaumont, aide-de-camp, du général Murat, sabre un Turc qui emportait la tête de cet officier, et lui arrache des mains son sabre brisé ; l'officier Guibert, aide-de-camp du général en chef, fut tué d'un coup de canon ; son ceinturon dans les mains d'un Turc, est déchiré par le boulet qui le frappa ; près de là sont deux pièces de canon anglaises trouvées dans l'artillerie turque, et qui avaient été données au Grand-Seigneur par la cour de Londres. Tel est le corps du tableau. Le fond, achevé sur des dessins faits d'après nature, représente la redoute emportée par l'infanterie, l'escadron envoyé pour couper la retraite, le camp des Turcs, le camp du pacha, et le fort situé sur la pointe de la presqu'île ; l'escadre anglaise est en vue. Le commodore Sidney Smith, voyant l'issue du combat, regagne ses vaisseaux, monté sur un canot qu'on voit à la pointe de la presqu'île. Les canonnières turques mitraillent leurs propres troupes, et la mer est couverte de turbans.

M. GUÉRIN.

S. M. l'Empereur pardonnant aux révoltés du Caire, sur la place d'Elbekir. (Planche XVI).

Les révoltés, soumis et désarmés, sont amenés aux pieds du vainqueur ; humiliés, et dans l'attitude du repentir, ils attendent les effets de sa clémence. Napoléon prononce leur grâce, et ordonne qu'on les mette en liberté. Le personnage vu de dos, et isolé sur le devant du tableau, est l'interprète chargé de transmettre les paroles de Sa Majesté.

La figure de l'Empereur et celle des principaux officiers de sa suite, placées près d'un arbre qui les garantit de l'ardeur du soleil, se détachent sur un fond de paysage dont la teinte annonce un climat brûlant. Le site, orné de plusieurs édifices, représente la place d'Elbekir.

M. MEYNIER.

Les soldats du 76ᵉ de ligne retrouvant leurs drapeaux dans l'arsenal d'Inspruck, les reçoivent de leur général, M. le maréchal Ney, commandant le sixième corps de la grande armée. (Planche XVII.)

« Le 76ᵉ de ligne avait perdu trois drapeaux dans les Grisons ; cette perte était depuis long-temps le motif d'une affliction profonde. Ces braves savaient que l'Europe n'avait pas oublié leur malheur, quoiqu'on ne pût en accuser leur courage. Ces drapeaux, sujet d'aussi nobles regrets, se sont trouvés dans l'arsenal d'Inspruck. Un officier les a reconnus, tous les soldats sont arrivés aussitôt. Lorsque le maréchal Ney les leur a rendus, des larmes coulaient des yeux de tous les vieux soldats, les jeunes conscrits étaient fiers d'avoir servi à reprendre les enseignes enlevées à leurs aînés. S. M. l'Empereur a ordonné que cette scène touchante fût consacrée par un tableau. »

M. THÉVENIN.

Passage de l'armée française sur le mont Saint-Bernard, commandée par S. M. l'Empereur, le 28 floréal an 8 (1).

L'ARMÉE est en marche, et monte à l'hospice du mont Saint-Bernard ; une pièce de canon, encaissée dans un tronc d'arbre, est trainée par des soldats ; l'Empereur, au milieu du tableau, entouré de l'état-major, des généraux Duroc, Bessières, etc., les encourage par sa présence et ses paroles ; il leur montre le haut du passage comme le but de leurs travaux et le chemin de la gloire. Près le canon, le général Marmont, commandant en chef l'artillerie, donne des ordres aux canonniers, qui, avec des leviers, dirigent les mouvements de la pièce ; le prince Eugène Beauharnais est sur le devant, à la tête d'un détachement des guides. Des officiers du 12ᵉ régiment de hussards sont près de lui. Le maréchal Berthier, faisant fonction de général en chef, arrêté par la file des soldats qui tirent une pièce de canon, admire l'ensemble de cette marche extraordinaire ; à la gauche de l'Empereur, le prince Murat donne des ordres à un grenadier de la garde dont un détachement file par derrière. On aperçoit plus loin deux petites cabanes, dont l'une sert d'abri aux voyageurs surpris par la tourmente, et dont l'autre sert de sépulture à ceux qui périssent sur la montagne. L'armée, marchant sur une seule

(1) Ce tableau n'a pu être gravé.

ligne, ou se divisant lorsque le sol le permet, occupe
le haut du tableau, et, après différentes sinuosités,
arrive enfin à l'hospice.

M. VERNET. (Carle)

*S. M. l'Empereur donnant ses ordres aux maréchaux
d'Empire, le matin de la bataille d'Austerlitz.*
(Planche XVIII.)

L'Empereur, accompagné du prince Murat, des
maréchaux d'empire Berthier, Bessieres, Bernadotte,
et de plusieurs autres généraux, tous à cheval, donne
les ordres pour la bataille. Le maréchal Bernadotte les
a déja reçus, et partant au galop, va rejoindre son
corps d'armée. Un autre, vu par derrière, attend pour
s'éloigner les derniers mots de S. M. Les autres généraux, placés à une certaine distance de l'Empereur,
selon l'importance de leur rang, vont à leur tour re-
cevoir leurs instructions, et voler au champ de
bataille.

19.
Cartelier inv.
C. Normand Sc.

Cartolier inv.

C. Normand Sc.

Aristide.

l'Empereur Napoléon.

Julien inv.
Pauline Landon Sc.
Nicolas Poussin

Cartellier inv.t

Normand fils sc.

La Gloire distribuant des Couronnes.

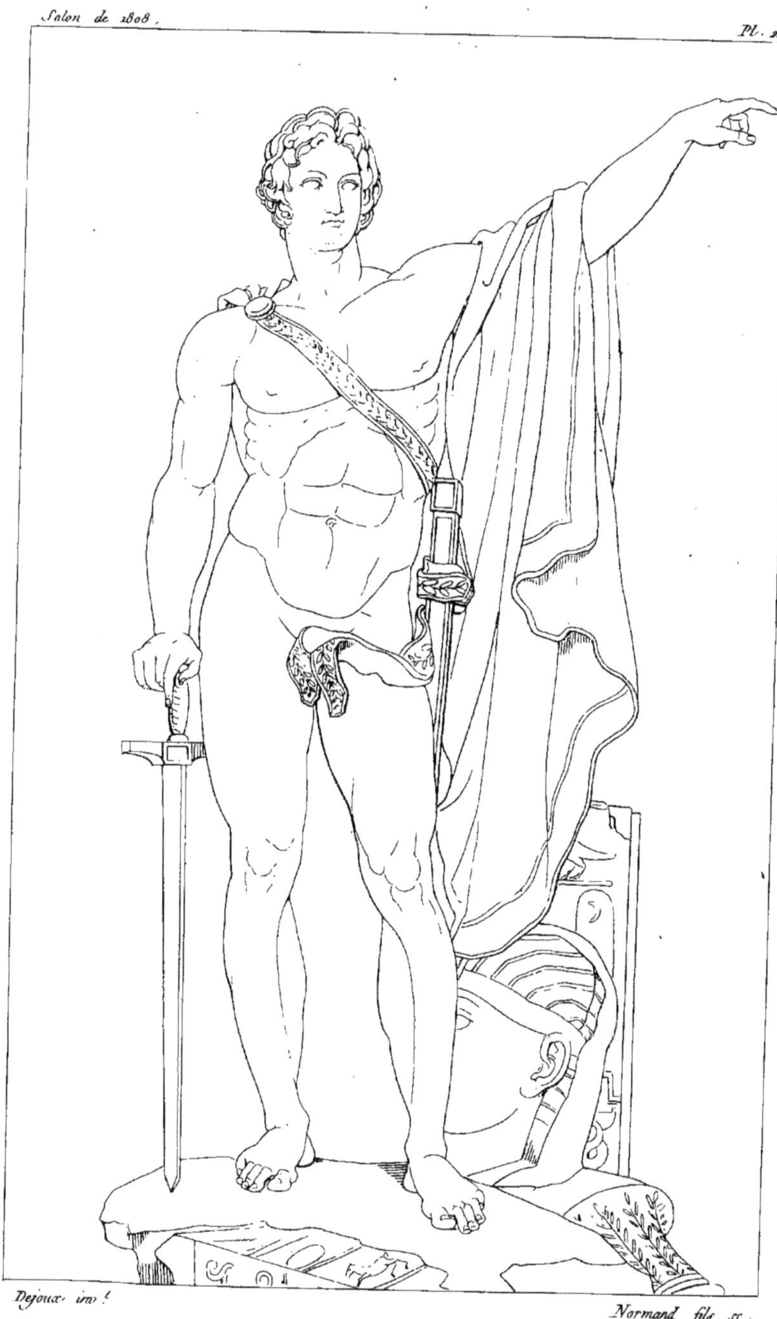

Desaix.

La Patrie appelant ses enfans à sa défense.

ses enfans

SECONDE DIVISION.

SCULPTURE.

M. CARTELLIER.

Statue en marbre représentant la Pudeur. (Pl. XIX.)

L'ATTITUDE de cette figure, ainsi que l'expression de ses traits, semble désigner une jeune nymphe surprise au sortir du bain, et se voilant avec précipitation, pour se dérober aux regards de quelque indiscret. L'artiste a placé aux pieds de la nymphe une tortue, symbole qui accompagne la statue de *Vénus pudique*, et destinée, sans doute, à rappeler aux femmes qu'elles doivent être aussi retirées dans leurs maisons que cet animal sous l'écaille qui le recouvre. Cette statue a cinq pieds neuf pouces de proportion.

Statue d'Aristide. (Planche XX.)

Cette figure a été exécutée pour le lieu des séances du sénat conservateur. En plaçant une coquille dans la main d'Aristide, le statuaire a rappelé une circonstance intéressante de la vie de cet illustre personnage : un habitant de l'une des bourgades voisines d'Athènes, qui avaient droit de voter, s'adressa à lui-même sans le connaître, et le pria d'inscrire sur une coquille (1) le nom d'Aristide, dont il desirait le bannissement. Vous avez donc à vous plaindre de lui, dit celui-ci? non reprit le villageois, mais je suis fatigué de l'entendre toujours appeler *le Juste*. Aristide prit la coquille, y écrivit son nom, et la lui rendit sans prononcer une parole.

Sur un cippe placé près de la statue, on voit l'affiche de la loi du bannissement.

M. CHAUDET.

Statue de l'Empereur NAPOLÉON. (Planche XX.)

Cette statue en marbre, de six pieds de proportion, est placée dans la salle d'assemblée du corps législatif.

L'Empereur est représenté debout; il tient dans sa main droite le Code des lois civiles; l'autre est cachée sous un ample manteau, qui ne laisse à découvert que la jampe gauche, le bras droit et une partie de la poitrine. Le front du héros est ceint du diadême et d'une couronne de laurier; on aperçoit le haut du baudrier d'où pend un glaive dont la partie inférieure est seule visible.

Ce bel ouvrage, d'un des plus habiles sculpteurs de notre école, qu'une mort prématurée vient d'enlever au milieu de sa carrière, est le premier monument de ce genre élevé à la gloire du libérateur de la France.

(1) C'était ordinairement sur des coquilles qu'on inscrivait le nom du particulier trop puissant ou trop célèbre qu'on bannissait pour dix années.

M. JULIEN.

Statue de Nicolas Poussin. (Planche XXII.)

Cette figure en marbre, de six pieds de proportion, est placée dans une des salles de l'Institut.

M. Julien, que la mort a trop tôt enlevé à l'école française, a traité ce portrait du Poussin dans un style particulier, qui fait connaître l'homme de génie, l'artiste philosophe, sans cesse occupé de ses pensées pittoresques. Il a supposé qu'au milieu de la nuit, le Poussin conçoit l'idée de son célèbre tableau du *Testament d'Eudamidas*, et que craignant de perdre cette heureuse inspiration, il se lève, s'enveloppe de son manteau, et se hâte de tracer son esquisse sur la toile.

SUJETS PUISÉS DANS LES FAITS MÉMORABLES
DE L'HISTOIRE DE FRANCE.

M. BOIZOT (1).

Les bas-reliefs et figures qui décorent la fontaine élevée sur la place du Châtelet.

Les génies des nations belligérantes déposant leurs armes sur l'autel de la Concorde, et signant le traité que la Déesse de la Paix leur présente. Bas-relief.

Le génie tutélaire de la France relevant l'autel du

---

(1) Cet artiste vient d'être enlevé aux arts.

christianisme, et la Religion rendant grâce à la Divinité.
Bas-relief.

Un groupe allégorique représentant l'Empereur élevé sur un tertre, ayant à ses pieds des drapeaux conquis sur l'ennemi à la bataille d'Austerlitz. Il a été exécuté en bronze.

Il n'a pas été possible de faire graver ces quatre ouvrages ; et l'on n'a pu se procurer les trois derniers pour les placer au salon.

M. CARTELIER.

La statue de Vergniaud.

Elle est placée sous le vestibule du grand escalier du Sénat.

La Capitulation d'Ulm.

Bas-relief en marbre, ornant l'arc de triomphe du palais des Tuileries. Les figures sont d'une proportion au-dessous de *nature.*

La Gloire distribuant des couronnes, et parcourant un champ couvert de trophées. (Planche XXIII.)

Bas-relief placé au-dessus de l'archivolte de la porte extérieure du Louvre, du côté de l'est ou de la colonnade.

M. CHAUDET.

Bas-relief allégorique qui orne l'un des frontons de la cour du Louvre, côté de l'est, dans l'angle du pavillon de Beauvais.

M. DEJOUX.

*Modéle en plâtre de la statue colossale du général
Desaix.* (Planche XXIV.)

La statue, jetée en bronze, est maintenant à sa destination.

M. LEMOT.

Les Muses rendant hommage à Napoléon-le-Grand.
(Planche XXV.)

Cet immense bas-relief, placé dans le tympan du
grand fronton de la colonnade du Louvre, représente
les Muses qui, sur l'invitation de Minerve, viennent
rendre hommage au souverain qui a eu la gloire d'a-
chever ce grand édifice. *Clio*, tenant en main le burin
de l'histoire, grave sur le cippe qui porte le buste du
héros : *Napoléon-le-Grand a terminé le Louvre.*

M. MOITTE (1).

La Patrie appelant ses enfants à sa défense. (Pl. XXVI.)

Bas-relief en marbre, de forme circulaire.

La France, figurée par une jeune femme, est assise
dans une chaise curule ; à ses pieds est un coq, symbole des anciennes Gaules. Elle appelle à sa défense
les Français de tous les rangs, qui ont atteint l'âge

____

(1) L'art statuaire vient de perdre cet habile artiste dans la
vigueur de l'âge et du talent.

marqué par la loi, pour porter les armes : à sa voix, un grand nombre de jeunes guerriers, qu'enflamme le desir de vaincre, se précipitent sur les pas de la Victoire qui leur présente la palme du triomphe ; l'un d'eux jure, au nom de tous, de combattre pour la gloire de son pays.

Derrière la figure principale, on voit Minerve qui étend son bouclier sur la France, en signe de protection. Minerve est accompagnée de la Justice, que l'on reconnaît au glaive et à la balance ; de la Prudence, qui porte un miroir, et dont le bras est entortillé d'un serpent ; et de la Force, vêtue de la peau d'un lion.

Ce bas-relief, dont les figures sont de proportion demi-nature, étant au Sénat Conservateur, n'a pu être exposé au salon du Musée.

Le monument érigé à la mémoire de Desaix, placé dans l'église du monastère de Saint-Bernard. (Planches XXVII, XXVIII, XXIX et XXX.)

L'ARTISTE a choisi la forme d'un sarcophage dans le style antique, qui participe de celui des Egyptiens, des Grecs et des Romains. Le corps du sarcophage, de marbre blanc, est élevé sur un socle où sont gravés, dans la forme des hiéroglyphes égyptiens, les attributs de la prudence et de la valeur, qualités qui caractérisaient éminemment le Héros.

Le bas-relief du milieu, où est représenté l'instant de sa mort sur le champ de bataille et parmi ses compagnons d'armes, est encadré par deux pilastres atti-

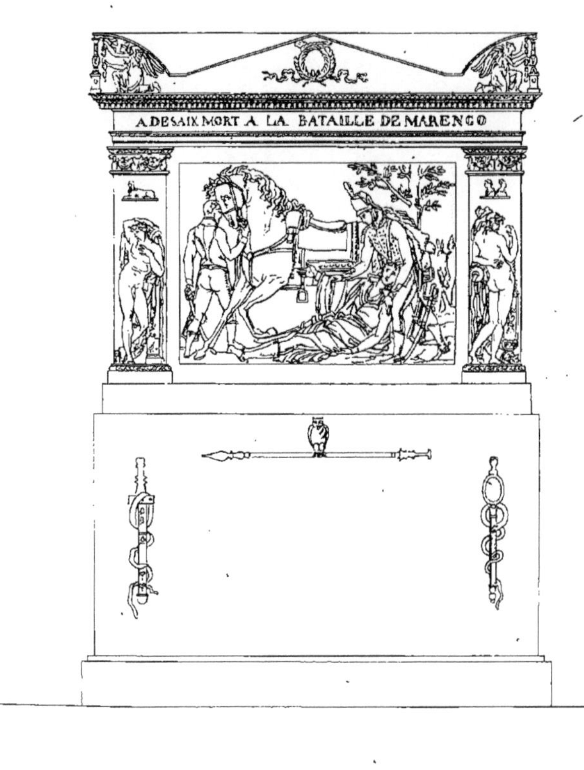

Moitte inv.￼ C. Normand sc.

Monument a la mémoire de Desaix.

Bas relief du monument de Desaix.

Moitte inv.t

C. Normand Sc.

Le Rhin et le Nil, figures du monument de Desaix.

Moitte inv.t

C. Normand Sc.

Figures du monument de Vestas.

Roland inv.t

C. Normand sc.

L'Empereur Napoléon

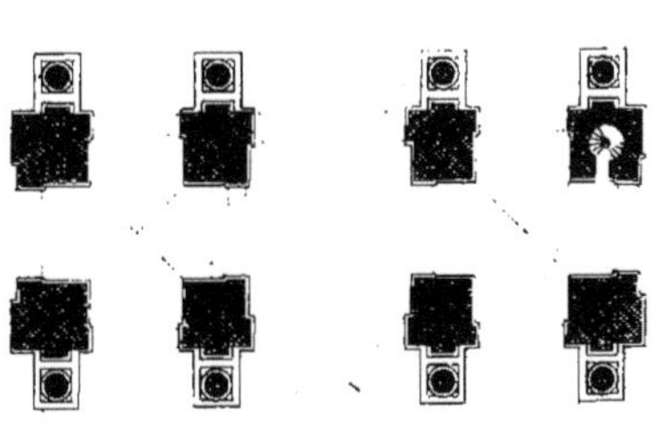

Landon direx.t

Plan et élévation de l'Arc de Triomphe des Tuileries.

ques, sur lesquels sont sculptés en bas-relief les fleuves du Nil et du Pô, témoins de ses glorieux exploits. On lit dans la frise de l'entablement l'inscription dédicatoire : *A Desaix, mort à la bataille de Marengo.* Au-dessous, dans le milieu du couronnement, en forme de fronton, est la couronne héroïque, récompense de ses belles actions et de son généreux dévouement ; et dans les angles de la toiture, de petites victoires agenouillées ornent de festons un candélabre, symbole d'apothéose et de consécration.

La planche 27 offre le monument dans son ensemble. Les planches 28, 29 et 30 en présentent les détails dans une plus grande dimension.

L'Histoire consacrant sur ses tablettes le nom de NAPOLÉON-LE-GRAND.

Ce bas-relief, placé dans la cour du Louvre, orne le fronton qui est auprès du pavillon du télégraphe.

M. ROLAND.

Statue de S. M. l'Empereur, revêtu des habits impériaux.
(Planche XXXI.)

L'INSTITUT ayant obtenu de Sa Majesté la permission de lui élever une statue dans la salle de ses séances publiques, en a confié l'exécution à M. Roland, l'un de ses membres. En attendant que le marbre soit terminé, le modèle, dont la proportion est d'environ sept pieds, a été placé à l'Institut.

Napoléon Ier, debout et en grand costume, tient de la main gauche le bâton impérial surmonté d'un aigle; de la droite, il distribue des couronnes et des récompenses militaires. La face antérieure de l'autel, qui soutient ces divers attributs, est ornée d'un bas-relief représentant la déesse de la sagesse, de la guerre, des sciences et des arts : elle a le casque en tête, et est armée de la lance et du bouclier.

M. Roland a pris une licence, en substituant à la tunique longue d'usage une tunique courte qui ne descend que jusqu'au genou.

Un bas-relief représentant la Victoire et la Paix.

Il décore l'un des frontons de la cour du Louvre, façade de l'est.

TROISIÈME DIVISION.

ARCHITECTURE.

MM. FONTAINE et PERCIER.

L'Arc de triomphe de la place du Carousel. (Pl. XXXII.)

L a disposition et l'ensemble de ce monument, destiné à former l'entrée principale de la cour des Tuileries, sont imités de l'arc de Septime Sévère, à Rome : mais les architectes en ont reproduit les proportions et les détails avec une pureté plus grande que celle de l'original.

Ce monument présente une masse de soixante pieds de largeur sur quarante-cinq de hauteur, et environ vingt pieds et demi d'épaisseur. L'arc du milieu a quatorze pieds de largeur ; les deux ouvertures latérales en ont environ huit et demi : une autre le traverse entièrement dans son épaisseur.

Les deux faces principales sont décorées de quatre colonnes d'ordre corinthien, isolées et destinées à porter des figures en marbre, représentant des soldats de différentes armes.

Quatre bas-reliefs en pierre ornent les faces de l'attique. Ceux du côté de l'entrée représentent l'un les armes de France, l'autre les armes d'Italie soutenues par la Force et la Sagesse. Les deux bas-reliefs du côté du palais représentent les mêmes armes accompagnées des divers attributs des sciences et des arts.

Quatre autres bas-reliefs en marbre sont placés au-dessus des petites arcades. Ceux du côté de l'entrée, représentent la bataille d'Austerlitz et la capitulation d'Ulm. Ceux de la face opposée ont pour sujet l'entrée à Munich et l'entrevue des deux Empereurs.

Les faces latérales sont également ornées de deux bas-reliefs en marbre représentant la paix de Presbourg, et l'entrée à Vienne. Deux renommées, sculptées en pierre, ornent de chaque côté la grande arcade. Dans un caisson, au bas de la grande voûte, est représentée, en bas-relief, sa Majesté l'Empereur NAPOLÉON, revêtu de ses habits impériaux. Des fleuves et des naïades décorent les côtés du monument.

Les huit colonnes sont en marbre de Languedoc.

Le monument est surmonté d'un quadrige posé sur un double socle : les chevaux de bronze qui le composent furent exécutés par des artistes grecs, pour décorer un arc de triomphe érigé à Rome ; long-temps après, ils furent enlevés et portés à Constantinople : conquis depuis par les Vénitiens, ils ornaient la façade de l'église de Saint-Marc à Venise. Dus récemment aux succès des armées françaises en Italie, ces objets précieux ont reçu une destination nouvelle.

Le Guide pinx.t   Lefevre sc.

L'Enlèvement de Déjanire.

Bélisaire.

Raphaël pinx.   C. Normand Sculp.

La Vierge dite la Belle Jardinière.

Raphaël pinx.

C. Normand Sc.

Bélisaire.

L. David pinx.
C. Normand Sc.

L'Archange St Michel terrassant le diable.

RÉTABLISSEMENT DU CULTE.
LE XVIII GERMINAL AN X.
Andrieu Fecit.
DIDICERE
BORVSSI
NVPER.
EXERCITV AD IENAM
DELETO XIV OCTOB
MDCCCVI.
Andrieu Fecit.

GLATZ
KOSEL
NEISSE
SCHWE
BRIEG
BRESLAW
GLOGAW
SILBER BERG
Andrieu F.
Denon D.
CONQUÊTE DE LA SILÉSIE.
MDCCCVII.
Andrieu F.
Denon D.
LIBERTAS DANTISCO RESTITVTA.
MDCCCVII.

C. Normand. sc.

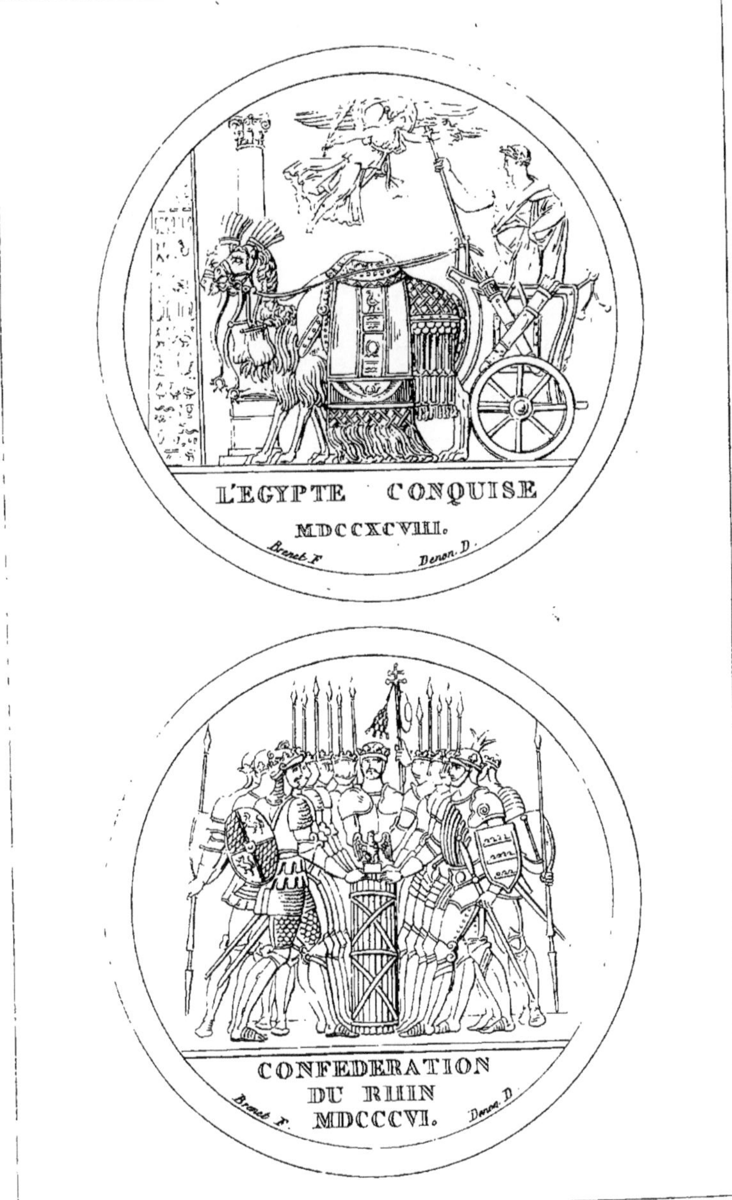

Salon de 1808.
Pl. 42

L'EGYPTE CONQUISE
MDCCXCVIII.
Brenet F
Denon D

CONFEDERATION
DU RHIN
MDCCCVI.
Brenet F
Denon D

C. Normand sc.

C. Normand sc.

LES BEAUX-ARTS JETTENT DES FLEURS
SUR SON TOMBEAU.

LE GÉNÉRAL MÉLAS IMPLORE LA CLÉMENCE
DU VAINQUEUR A MARENGO
LE XIV JUIN MDCCC.

Dupré fecit C. Normand sc.

Galle F.
BATAILLE DE FRIEDLAND
XIV JUIN MDCCCVII.
Denon D.
BATAILLE D'JENA
Galle F
MDCCCVI.

C. Normand sc.

QUATRIEME DIVISION.

GRAVURE.

GRAVURE EN TAILLE-DOUCE.

M. BERWIC.

L'enlèvement de Déjanire, d'après le Guide. Voyez planche XXXIII, dans laquelle nous offrons le trait du tableau original. Nous avons cru faire une chose agréable à nos lecteurs en leur offrant, pour toutes les estampes citées par le jury, le même moyen de s'en rappeler la composition.

M. BLOT.

Marcus Sextus, d'après le tableau de M. Guérin. (Planche IV.)

M. DESNOYERS.

Bélisaire, d'après le tableau de M. Gérard. (Planche XXXIV.)

La Vierge, dite la Belle Jardinière, d'après Raphaël. (Planche XXXV.)

M. GIRARDET.

La Transfiguration, d'après Raphaël. (Pl. XXXVI.)

M. MOREL.

Bélisaire, d'après le tableau de M. David. (Planche XXXVII.)

Le Serment des Horaces, par le même. (Planche XXXVIII.)

M. TARDIEU.

Saint-Michel terrassant le Diable, d'après Raphaël. (Planche XXXIX.)

GRAVURES EN MÉDAILLES.

M. ANDRIEUX.

Un cadre renfermant plusieurs médailles, parmi lesquelles on distingue les quatre suivantes :

La première (pl. XL) a pour sujet le rétablissement du culte. La Prudence, tenant d'une main un miroir entouré d'un serpent, relève de l'autre main la Religion assise sur les ruines d'un temple. Près d'elle est un trophée d'armes surmonté d'un coq. Dans le lointain, à gauche, est le portail de l'église métropolitaine de Paris.

La 2e (pl. XL) frappée en mémoire de la bataille d'Jéna, a été composée par la troisième classe de l'Institut. Elle représente Sa Majesté vêtue à l'antique, montée sur un cheval, et tenant en main la foudre. Deux guerriers sont renversés à ses pieds, un aigle plane un peu en avant au-dessus de sa tête. L'inscription *Borussi didicere nuper*, est imitée d'Horace, ode XIV, liv. 4, *ad Augustum. Quæ cura patrum*, etc.

La 3ᵉ médaille (pl. XLI) a été frappée en mémoire de la conquête de la Silésie. Sept places de ce duché furent forcées successivement par les Français, dans la campagne contre la Prusse. La seule place de Silberg résistait encore, lorsque la paix de Tilsitt fut conclue. Sur une colonne sont les couronnes murales des places rendues. La huitième est aux pieds de la Victoire. La déesse est occupée à inscrire sur l'airain le nom des villes prises, lorsque la Paix vient lui arrêter le bras.

Dans la quatrième médaille (pl. XLI) l'Empereur relève la ville de Dantzick, et lui place sur la tête la couronne des villes anséatiques. D'un côté est une proue antique, symbole de la navigation, et de l'autre un caducée, emblême du commerce.

M. BRENET.

Un cadre renfermant plusieurs médailles, parmi lesquelles nous avons fait dessiner les deux suivantes. (Planche XLII.)

La première de ces deux médailles est restituée. (On appelle ainsi les médailles qui ont été frappées long-temps avant l'évènement). L'Empereur est dans un char de forme égyptienne, traîné par deux chameaux enharnachés. Au-dessus plane une Victoire. Le char est près de passer entre un obélisque chargé de caractères hiéroglyphiques, et la colonne dite de Pompée, laquelle est près d'Alexandrie.

La seconde médaille (pl. XLII) a été frappée en mémoire de la confération du Rhin. Tous les princes confédérés, armés en chevaliers, et portant sur leurs écus les armes de leur maison, prêtent entre les mains du prince primat, serment sur un faisceau surmonté d'un aigle. Les bords du Rhin ont été, comme on sait, le pays où l'ancienne chevalerie s'est conservée le plus long-temps. La plupart des princes confédérés appartenaient encore à l'ordre teutonique, reste des institutions chevaleresques.

M. DROZ.

Un cadre renfermant plusieurs médailles. Nous n'avons pu faire graver que celle qui suit :

MÉDAILLE frappée pour consacrer la mémoire des conférences qui ont eu lieu sur le Niémen, entre l'Empereur Napoléon et l'Empereur Alexandre, quelques jours avant le traité de Tilsitt. Elle représente la figure d'un fleuve (le Niémen) tenant en main la barraque des conférences. A ses pieds croît un olivier, symbole de la paix. La face de la médaille offre les têtes des Empereurs Napoléon et Alexandre, et celle du roi de Prusse, les trois souverains entre lesquels la paix fut conclue. (Voyez pl. XLIII.)

M. DUPRÉ.

Plusieurs médailles et modèles en plâtre pour des médailles. Nous avons fait dessiner les deux suivantes. (Planche XLIV.)

La première offre le tombeau de Raphaël, au pied duquel s'élève un laurier. Une femme à genoux, représentant la Poésie, y trace quelques vers ; une autre y dépose une palme. La troisième, représentant la Peinture, place, sur la partie la plus élevée du sarcophage, une couronne d'étoiles, emblême de l'immortalité. Au bas est cette inscription : *Les beaux-arts jettent des fleurs sur son tombeau.* Sur la face de la médaille est le portrait de Raphaël.

La seconde médaille représente Bonaparte sur le champ de bataille de Marengo, à cheval, et couronné par la Victoire. Il remet son épée dans le fourreau, et pardonne au général Mélas, qui vient implorer sa clémence. Au bas du sujet est cette inscription : *Le général Mélas implore la clémence du vainqueur, à Marengo, le 14 juin 1800.*

M. GALLE.

Médaille de la bataille de Friedland. (Planche XLV.)

Elle a été frappée en mémoire de cette bataille qui mit fin à la guerre de Prusse. L'Empereur, sous les traits de Mars, remet son épée dans le fourreau. A ses pieds sont des victimes de la guerre.

Médaille de la bataille d'Jéna. (Pl. XLV et dernière.)

Elle représente l'Empereur sous les traits de Jupiter. Il foudroie les géants du Nord, figurés par les Titans. M. Galle a exposé quelques autres médailles, entre autres celles du Couronnement, de la Fête de la Ville, et du Retour d'Egypte. Elles n'ont pas été dessinées.

M. GATTEAUX.

Un cadre contenant des médailles.

M. RAMBERT DUMAREST (1).

Médaille de la Paix d'Anvers; médaille de l'Institut; de Nicolas Poussin; de l'Ecole de Médecine.

GRAVURES EN PIERRES FINES.

M. JEUFFROY.

Un cadre renfermant plusieurs pierres gravées.

(1) Cet artiste est mort depuis environ trois ans.

FIN.

TABLE

DES MATIÈRES.

SECONDE DIVISION.

SCULPTURE.

Sujets héroïques.

TROISIÈME DIVISION.

ARCHITECTURE.

QUATRIÈME DIVISION.

GRAVURE.

Gravure en taille-douce.

Gravure en médailles.

Gravure sur pierres fines.

FIN DE LA TABLE DES MATIÈRES.

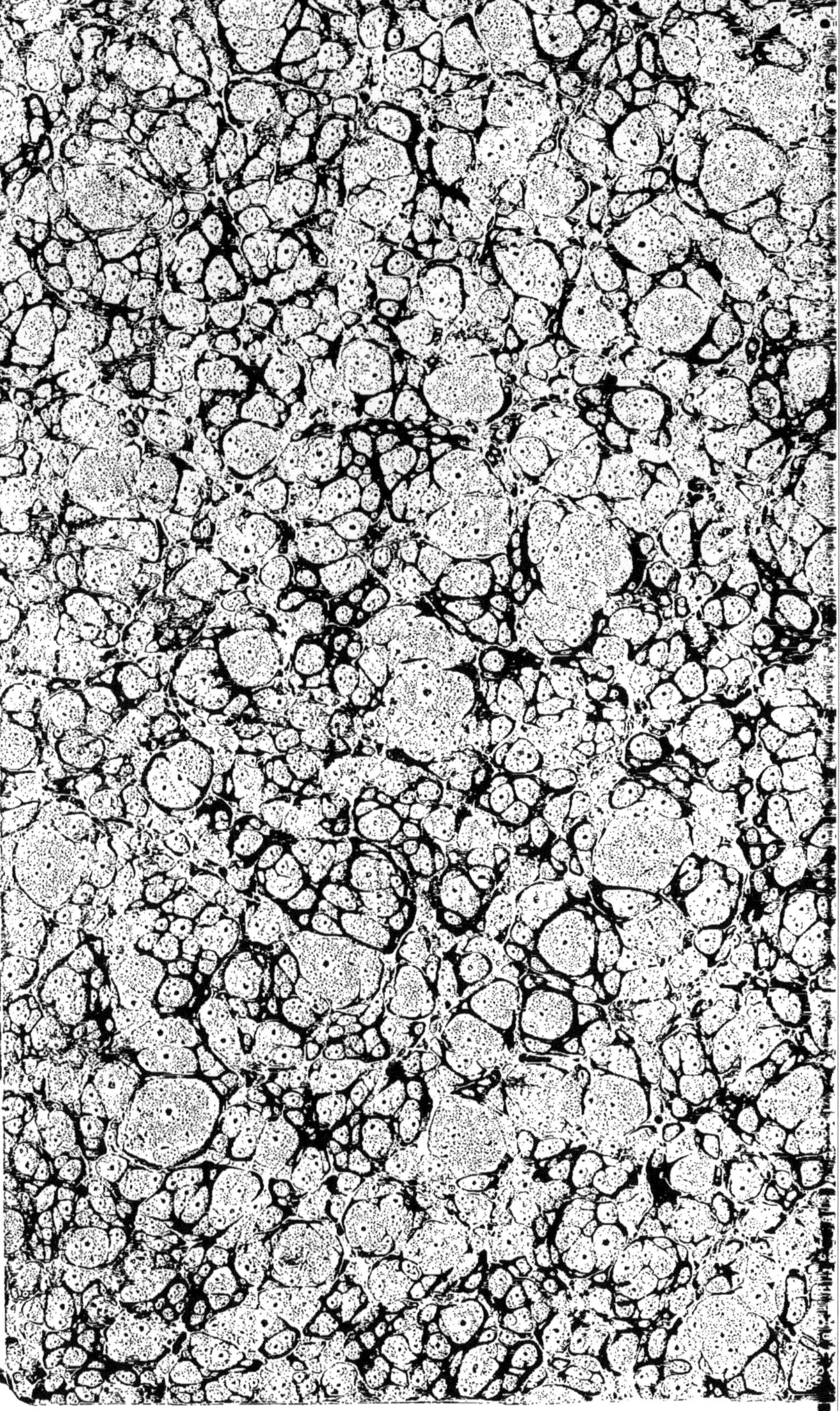